서커스단의 도둑 사건

서커스단의 도둑 사건

초판 1쇄 펴낸날 | 2016년 3월 2일
초판 4쇄 펴낸날 | 2021년 3월 25일

지은이 | 아나 알론소
그린이 | 안토니아 산톨라야
옮긴이 | 유 아가다
펴낸이 | 양승윤

펴낸곳 | (주)영림카디널
출판등록 | 1987년 12월 8일 제16-117호
주소 | 서울특별시 강남구 강남대로 354 혜천빌딩
전화 | 02-555-3200
팩스 | 02-552-0436
홈페이지 | www.aladinbook.co.kr

값 9,000원
ISBN 978-89-8401-449-7 74410
ISBN 978-89-8401-433-6 (세트)

알라딘 북스는 (주)영림카디널의 아동 전문 출판 브랜드입니다.

Original title: Robo en el circo
ⓒ Text: Ana Alonso, 2013
ⓒ Illustrations: Antonia Santolaya, 2013
ⓒ Grupo Anaya, S. A., Madrid, 2013
All rights reserved.

Korean Translation copyright ⓒ 2016 Younglim Cardinal Inc.
Korean edition published by arrangement with GRUPO ANAYA, S.A. through Icarias Agency.

이 책의 한국어판 저작권은 Icarias Agency 를 통해
저작권자와 독점 계약한 **(주)영림카디널**에 있습니다. 저작권법에 의해
한국 내에서 보호를 받는 저작물이므로 무단전재와 복제를 금합니다.

① 품명 : 서커스단의 도둑 사건
② 제조자명 : 알라딘북스
③ 주소 : 서울시 강남구 강남대로 354
④ 연락처 : 02-553-9761
⑤ 제조년월 : 2021년 3월
⑥ 제조국 : 대한민국
⑦ 사용연령 : 7세 이상
⑧ 취급상 주의사항
 • 종이에 베이지 않도록 하세요.
 • 책의 모서리가 날카로우니 던지거나 떨어뜨려 다치지 않도록 주의하세요.
⑨ KC마크는 이 제품이 공통안전기준에 적합하였음을 의미합니다.

　오늘은 키푸트 시에 특별한 일이 있는 날입니다. 모든 단원들이 동물로 구성된 전 세계에 단 하나밖에 없는 서커스 단, 바로 '무지개 서커스 단'이 이 도시에 도착했거든요.
　서커스 단에서는 딱따구리 팀이 가장 먼저 나와서 단원들이 공연할 천막을 쳤습니다.

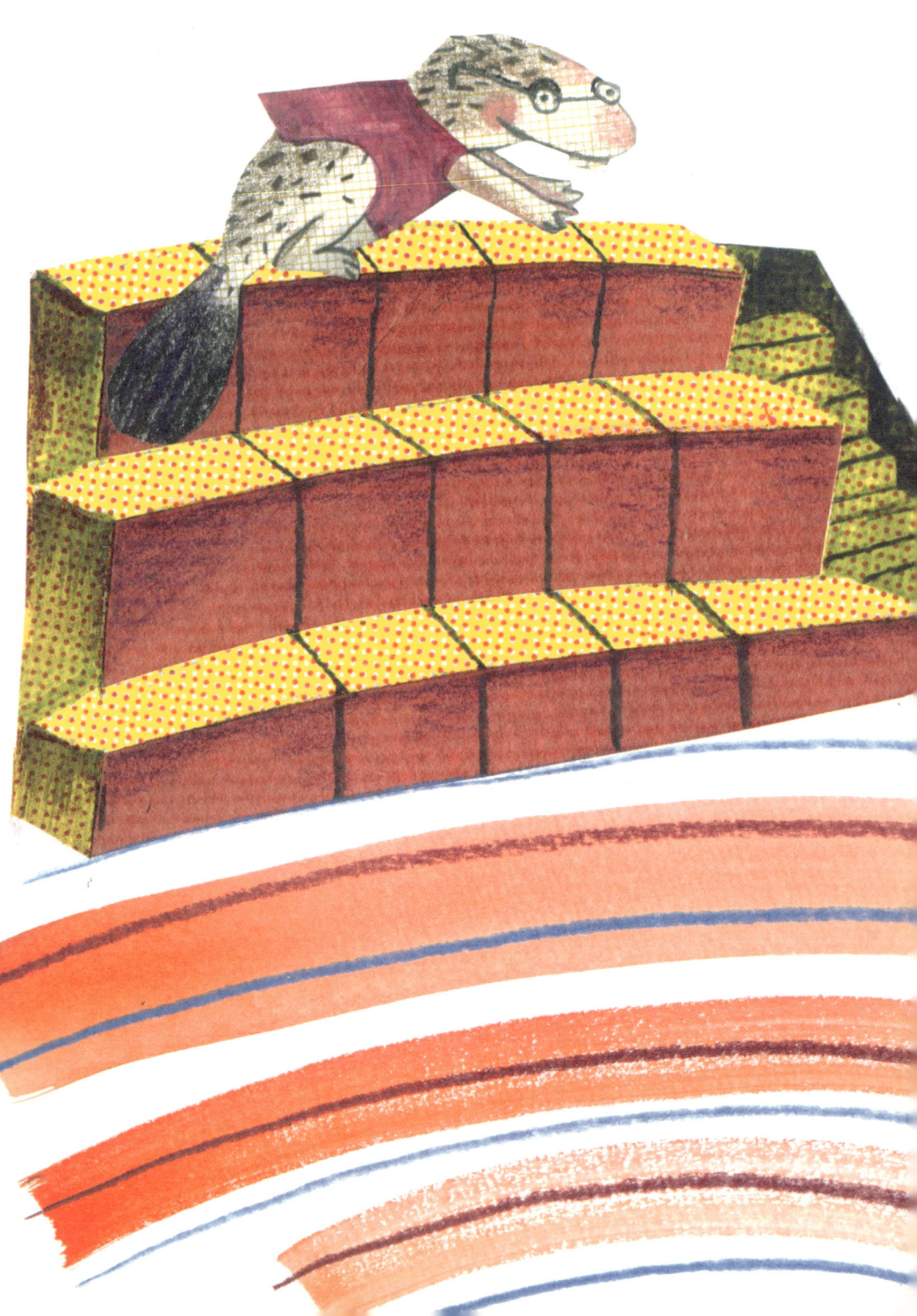

무대 준비 팀인 비버 형제 무트와 마트는 둥그런 무대 주변을 따라서 원* 모양으로 의자를 놓았습니다.
무대가 준비되자, 드디어 총연습을 하기로 했습니다. 그런데 이럴 수가! 서커스 단원들이 공연에 사용할 물건들이 모두 보이지 않았습니다.

* 원: 일정한 점에서 같은 거리에 있는 점들의 집합. 또는 둥글게 그려진 모양이나 형태.

모두 어디로 간 걸까요?

총알 새 묘기를 하는 케호소, 케히카, 그루뇬, 이렇게 새 삼 형제는 자신들이 공연에 사용하는 대포를 찾을 수 없었습니다.

공 던져 올리기 곡예사인 바다표범 미나가 쓰는 여러 가지 색깔의 공들도 보이지 않았습니다.

어릿광대*인 보보와 비보의 빨간색 코도 사라져 버렸습니다!

* 어릿광대: 곡예나 연극 등에서, 공연이 시작되기 전이나 중간중간에 나와 우습고 재미있는 말이나 행동으로 공연 판의 흥을 돋우는 사람.

당황한 무지개 서커스 단원들은 서둘러 경비원인 셰퍼드*들에게 도움을 요청했습니다.

셰퍼드들은 곧바로 짐을 싣고 다니는 마차를 조사하러 갔습니다.

셰퍼드들이 서둘러 마차로 가 보니 짐 마차의 문이 활짝 열려 있었습니다. 세상에! 누군가 자물쇠를 억지로 열고, 안에 있던 물건을 모두 가져갔습니다.

도둑이 든 게 확실합니다!

공연 시간은 불과 두 시간밖에 남지 않았는데 정말 큰일입니다.

---

* 셰퍼드: 개 품종의 하나. 늑대와 비슷하며, 근육질 몸에 주둥이는 뾰족하고 귀는 똑바로 서 있음. 용감하고 영리하며 주인에게 충성스럽고 특히 후각이 예민하여, 경찰견, 군용견 등으로 쓰임.

"이제 어떻게 하죠?"

사회자인 앵무새 룰라가 몹시 놀란 목소리로 물었습니다.

도둑 맞은 그 물건들이 없으면 어떤 단원도 제대로 공연을 할 수 없습니다.

"걱정 말아요! 항상 해결 방법은 있어요."

단장인 돼지 팝이 침착하게 말했습니다.

"도둑 맞은 물건을 다시 찾아오기에는 시간이 부족하지만, 필요한 물건들을 살 수는 있어요. 슈퍼마켓이 아직 열려 있잖아요. 보보와 비보가 가서 물건을 사 오도록 하세요."

"어떤 물건을 사 와야 하죠?"

어릿광대인 보보와 비보가 물었습니다.

"우리가 사야 할 물건들을 모두 적어서 표를 만들어 줄게요."

룰라는 이렇게 말한 뒤, 서커스 단원 모두에게 필요한 것을 물어본 뒤, 종이에 적었습니다.

자, 마침내 다 적었네요. 사야 할 물건은 다음과 같습니다.

- 균형*잡기 곡예사 쥐, 무크와 푸크가 사용할 공 한 개, 그리고 원기둥* 모양 물건 한 개.
- 총알 새 삼 형제를 발사*해 줄 원기둥 모양 대포 한 개.
- 공 던져 올리기 곡예를 하는 바다표범 미나를 위한 여러 가지 색깔 공 다섯 개.
- 고양이 그네 곡예사 프라텔리 형제에게 필요한 판자와 줄.
- 마술 공연을 하는 뱀 시시를 위한 예쁜 색깔의 원 모양 판.
- 역기* 들기 공연을 하는 고릴라 무타를 위한 역기 한 개.
- 어릿광대 보보와 비보를 위한 원뿔* 모양 모자와 빨간색 코.

*균형: 어느 한쪽으로 기울거나 치우치지 아니하고 고른 상태.
*원기둥: 하나의 직선이 그와 나란한 직선의 둘레를 한 바퀴 돌아서 생긴 곡면으로 둘러싸인 입체.
*발사: 활·총포·로켓이나 광선·음파 등을 쏘는 일.
*역기: 역도나 근육 단련 훈련에 쓰는, 강철로 된 기구.
*원뿔: 원의 평면 밖의 한 정점과 원주 위의 모든 점을 연결하여 생긴 면으로 둘러싸인 입체.

비보와 보보는 룰라가 준 표를 들고 슈퍼마켓으로 갔습니다. 그러나 슈퍼마켓에서는 표에 적힌 물건들을 하나도 찾을 수 없었습니다. 그곳에는 먹을 것과 청소용 물건들, 그리고 다른 여러 가지 물건들이 있을 뿐이었지요.

비보와 보보는 어찌할 바를 모르고 서로 물끄러미 쳐다보았습니다.

"어떻게 하지?"
보보가 물었습니다.
"빈손으로 돌아갈 순 없어. 우리 단원들이 공연을 하기 위해서는 표에 적힌 물건들이 모두 필요해."
비보가 대답했습니다. 그리고 잠시 생각하더니 의견을 내놓았습니다.

"슈퍼마켓을 잘 살펴보자. 이곳에는 여러 가지 모양의 물건들이 많이 있으니 표에 있는 것들과 비슷하게 생긴 물건들을 찾을 수 있을 거야. 제일 먼저, 무크와 푸크가 공연에 쓸 동그란 공과 원기둥 비슷한 물건을 찾아보자."

"동그란 공과 비슷한 물건이라……. 이 수박은 어

떨까? 그리고 원기둥 모양과 비슷한 물건으로는 이 키친타월*과 두루마리 화장지를 사용할 수 있겠다. 또 뭐가 필요하지?"
보보가 기뻐하며 말했습니다.

*키친타월: 주방 도구를 닦는 데에 쓰는 휴지.

"이번에는 프라텔리 형제의 그네 묘기 공연을 위한 그네."
비보가 말했습니다.
"이것 봐, 빨랫줄이 있어! 이 줄과 초콜릿 봉봉 사탕이 들어 있는 직사각형* 상자를 사용하면 그네를 만들 수 있을 거야."
보보도 좋은 의견을 내놓았습니다.

* 직사각형: 내부의 각이 모두 직각인 사각형*.
* 사각형: 네 개의 선분으로 둘러싸인 평면 도형.

"이제 우리가 쓸 모자를 찾아보자. 그런데 원뿔 모양의 물건은 하나도 안 보이네."
비보가 말했습니다.
"저 아이스크림 콘은 어때?"
보보가 물었습니다.
"소용없어. 저것들은 너무 작아."
비보가 대답했습니다.

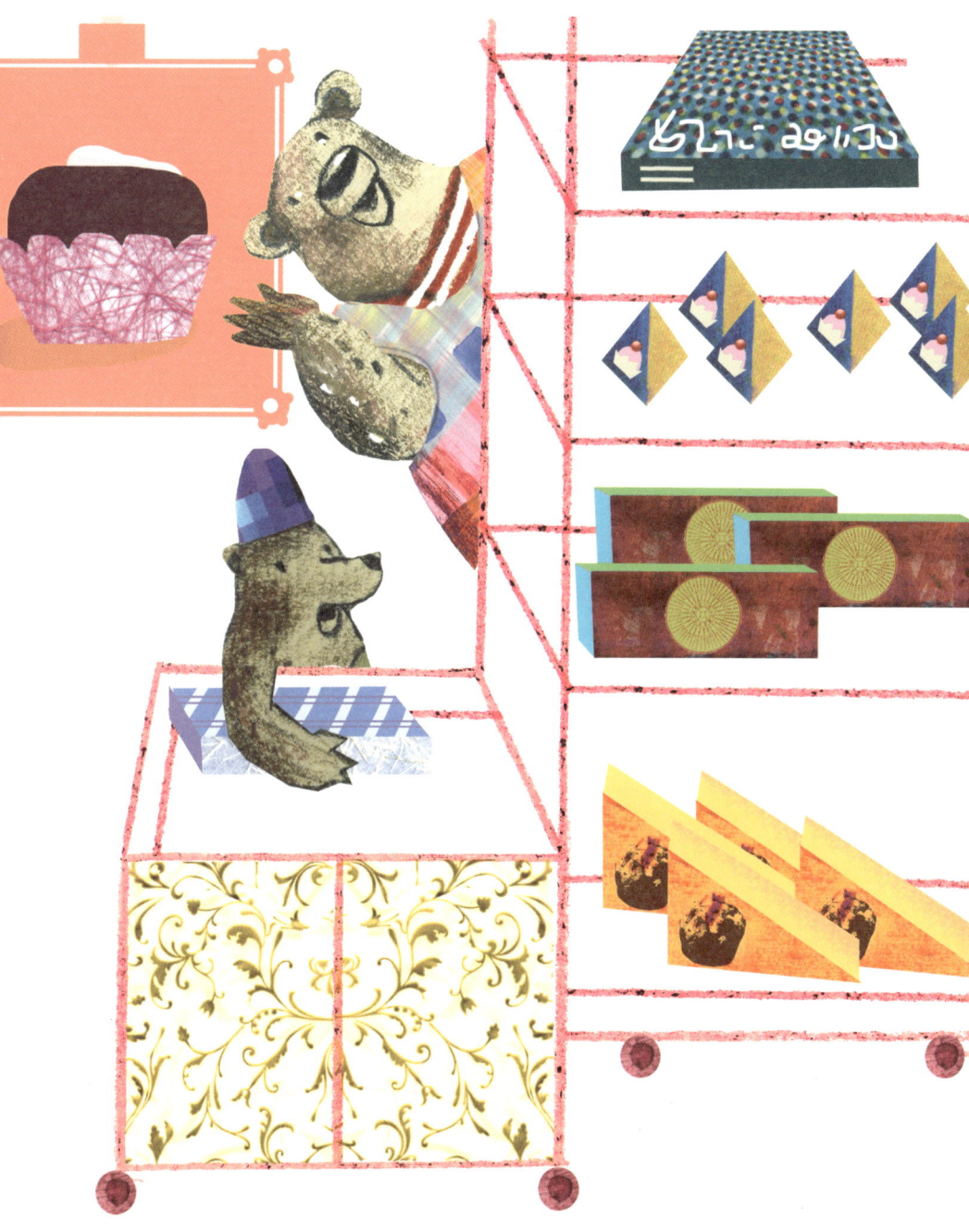

"좋은 생각이 났어!"

보보가 소리쳤습니다.

"파티할 때 쓰는 사각형 종이 냅킨을 몇 장 사자. 그걸 반 잘라서 원뿔 모양으로 돌돌 마는 거야. 그러면 우리는 멋진 모자를 얻게 될 거야."

"와, 정말 좋은 생각이야! 그런데 가짜 코는 어떻게 하지?"

이번에는 비보가 물었습니다.

"우리는 둥글고 빨간색인 물건이 필요해."

"벚나무 열매 버찌는 어떨까?"

보보가 말했습니다.

"좀 작지만 쓸 수는 있겠다."

비보가 고개를 끄덕이며 대답했습니다.

"무타가 사용할 역기도 사야 해. 양 끝에 무거운 것이 달려 있는 긴 막대기가 필요해."

비보가 말했습니다.

"역기를 만들 만한 빗자루용 막대기 하나와 양동이* 두 개를 사자. 양동이에 물을 채우면 충분히 무거워질 거야. 그러면 무타가 공연에 사용할 수 있을 거야."

보보가 말했습니다.

---

*양동이: 한 손으로 들 수 있도록 손잡이를 단 들통.

"그런데 총알 새 삼 형제를 위한 대포는 어떻게 하지? 원기둥이 하나 더 필요한데……."

보보가 말했습니다.

"괜찮은 생각이 떠올랐어."

비보가 말했습니다.

"총알 새들은 대포에서 발사되어야만 해. 그러니 항상 발사되는 걸 찾아야 하지. 그게 무엇일 것 같아? 바로 샴페인*의 코르크* 마개야!"

* 샴페인: 이산화탄소를 함유한 백포도주로 거품이 많고 상쾌한 맛이 있음. 축하할 때 주로 마시는 술.
* 코르크: 코르크 나무의 겉껍질과 속껍질 사이의 두껍고 탄력 있는 부분. 또는 그것을 잘게 잘라 가공한 것. 보온재, 방음재, 구명 도구의 재료 등 여러 곳에 쓰임.

"완벽해!"
보보가 박수를 치며 신나서 말했습니다.
"자, 샴페인 세 병을 사자. 이제는 뱀 시시를 위한 색깔 있는 원 모양 판을 찾아보자. 색깔 있는 원 모양이라……. 어디에서 찾을 수 있을까?"
"바로 저기 있네! 피자를 파는 곳 말이야."
비보가 대답했습니다.

"마지막으로 색깔 있는 공을 사야 해. 바다표범 미나가 공 던져 올리기 곡예를 하려면 꼭 필요한 거야. 그런데 어디서 그것들을 찾을 수 있을지 모르겠네."
표에 줄을 치면서 보보가 말했습니다.
"그건 간단해. 아이스크림 콘에서 밑의 과자를 빼고 둥글게 푼 아이스크림만 쓰면 돼. 딸기 맛, 레몬 맛, 민트 맛, 초콜릿 맛, 그리고 오렌지 맛으로 고르자. 그러면 여러 가지 색깔의 공 모양을 갖게 되지."
비보가 말했습니다.

그렇게 해서 비보와 보보는 슈퍼마켓에서 산 물건을 모두 들고 서커스 단으로 돌아왔습니다.

단원들은 비보와 보보를 보자 박수를 쳤습니다. 모두들 초조해하며 기다리고 있었거든요.

드디어 공연이 시작될 시간이 되었습니다.

관객들이 관람석에 앉자 사회자인 룰라가 소개를 시작했습니다.

맨 처음 순서로 균형잡기 곡예사 쥐인 무크와 푸크가 나왔습니다.

무크는 굴러가는 수박 위에서 뛰면서 무대를 돌았습니다. 푸크는 키친타월 위에 올라서서 다리를 열심히 움직였습니다.

관객들은 두 곡예사의 공연에 매우 즐거워하며 박수를 쳤습니다. 다른 곳에서는 보기 힘든 아주 특별한 공연이었습니다.

다음 순서는 고양이 프라텔리 형제였습니다.

그들은 아주 날쌔게 그네에 뛰어오른 뒤 공중 돌기를 하면서 이 그네에서 저 그네로 바쁘게 옮겨 다녔습니다.

그렇게 많이 움직이다 보니 그네를 만든 봉봉 사탕 상자 중에 하나의 뚜껑이 열렸습니다. 그리고 관객들 위로 봉봉 사탕이 우수수 떨어졌습니다.

관객들은 이번에도 박수를 치며 즐거워했습니다.

모든 공연이 순조롭게 진행되었습니다. 그런데 바다표범 미나의 공연에서 약간 문제가 생겼습니다.

처음에는 모든 것이 잘 진행되는 듯했습니다. 미나는 여러 가지 색깔의 아이스크림 공을 던져 올리며 공연을 시작했습니다.

그러나 잠시 후에 아이스크림이 녹기 시작했습니다……. 그래서 결국 공연장이 아주 끈적끈적하게 되었지요.

다음은 총알 새들의 순서였습니다. 총알 새 묘기를 하는 케호소, 케히카, 그루뇨는 미나에게 일어난 일을 보고는 약간 긴장해서 무대로 나왔습니다.

하지만 총알 새들은 곧 차분하게 샴페인 병 입구를 막은 코르크 마개에 자리를 잡았습니다.

곧바로 코르크 마개가 발사되었습니다.

펑! 펑! 펑!

총알 새들은 샴페인 거품과 함께 공중으로 발사되었습니다.

정말 어느 곳에서도 볼 수 없는 신기한 광경이 펼쳐졌습니다!

다음은 고릴라 무타가 무대로 나왔습니다.

무타는 있는 힘을 다해 물이 가득 찬 양동이가 매달린 막대기를 들어올렸습니다.

그런 다음 양팔을 번쩍 쳐들었습니다.

막대기의 양 끝에 매달린 양동이들이 위험하게 흔들거렸습니다.

어쩌죠? 걱정했던 대로 양동이의 물이 약간 바닥에 쏟아졌습니다.

이런! 그 바람에 무타가 미끄러지네요.

하지만 무타는 넘어지지 않으려고 애쓰며 한손으로 막대기를 잡고 균형을 잡았습니다.

관객들은 모두 숨을 멈추고 조마조마한 마음으로 무대를 바라보았습니다.

정말 위험했지만 짜릿한 순간이었습니다.

자, 이제 뱀 시시의 마술 공연 차례입니다.

시시는 공연을 도와줄 관객 한 사람만 앞으로 나와 달라고 부탁했습니다. 그러자 관객 중에서 한 신사가 손을 번쩍 든 뒤 자기가 하겠다고 말하며 무대로 나왔습니다.

시시는 신사의 눈앞에서 피자를 돌리며 최면을 걸었습니다.

잠시 후, 시시는 신사에게 세비야나스* 춤을 추라고 말했습니다.

---

* 세비야나스: 스페인의 항구 도시 세비야에 전승되어 온 민요 또는 무용. 4분의 3박자로, 가사는 보통 오행시로 되어 있음.

그러자 신사는 멋지게 춤을 추었습니다. 왜냐하면 완전히 최면에 걸려 있기 때문이었죠.

관객들은 환호성*을 지르며 신나게 박수를 쳤습니다.

춤이 끝나자 신사는 피자 한 조각을 손에 들고 자기 자리로 돌아갔습니다.

시시가 공연을 도와준 보답으로 신사에게 피자를 선물했거든요.

* 환호성: 기뻐서 크게 부르짖는 소리.

드디어 마지막 공연인, 어릿광대 보보와 비보의 순서가 되었습니다.

보보와 비보는 버찌로 만든 코와 종이 냅킨으로 만든 원뿔 모양 모자를 쓰고 나왔습니다. 그런 다음 노래를 부르고, 서로에게 농담을 하며 개그* 공연을 했습니다.

관객들 몇 명은 너무 웃다가 눈물을 흘렸습니다.

마지막 공연이 끝났지만, 관객들의 박수는 그칠 줄 모르고 길게 계속되었습니다.

*개그: 연극, 영화, 텔레비전 프로그램 등에서 관객을 웃기기 위하여 하는 대사나 몸짓.

비록 서커스 공연에 쓸 물건을 모두 도둑 맞은 엄청난 사건이 있었지만, 무지개 서커스 단의 공연은 대성공으로 끝났습니다.

딱따구리 팀들이 천막을 걷는 동안, 모든 단원들이 보보와 비보를 둘러싸며 모였습니다.

"너희가 제대로 물건을 사 오지 않았다면 공연을 성공하지 못했을 거야! 너희는 정말 천재야!"

보보와 비보를 칭찬하는 소리가 여기저기에서 나왔습니다.

"도둑 맞은 물건들을 찾았습니다!"

그때 도둑을 찾으러 갔던 경비원 셰퍼드들이 이렇게 외치며 도착했습니다.

"파랑 까치 도적단이 서커스 단의 물건들을 훔친 것이었습니다. 우리가 그들의 집을 뒤져서 모두 찾아왔습니다. 내일부터 정상적인 공연을 할 수 있을 겁니다."

셰퍼드들의 보고를 듣던 서커스 단장 팝이 머리를 긁적이며 나섰습니다.

"글쎄요……. 사실은 예전으로 돌아가는 것이 맞는지 모르겠어요. 슈퍼마켓에서 산 물건으로 한 이번 공연이 대성공이었거든요. 전에 했던 어떤 공연보다 관객들이 즐거워하는 것 같았어요."

"그럼 이렇게 하면 어떨까요?"

단장이 고민하는 듯하자 앵무새 룰라가 모두를 둘러보며 말했습니다.

"한 달에 한 번씩 특별 공연을 하는 거예요. 일상생활에서 사용하는 물건들을 가지고요! 먹을거리로 하는 공연, 스포츠 용품을 사용한 공연, 연필, 지우개, 자, 연필 깎기 같은 문방구의 물건을 사용한 공연 같은 것 말이에요……. 아주 다양하고 재미있는 볼거리가 많은 공연이 될 것 같아요."

"그거 정말 좋은 생각이야! 앞으로 우리 무지개 서커스 단은 세계에서 하나밖에 없는 동물 서커스 단으로뿐만 아니라, 이 특별 공연으로 더 많이 유명해질 것 같네. 하하하!"

단장이 서커스 단원들을 둘러보며 기분 좋게 말한 뒤 크게 소리내어 웃었습니다.